MERRY CHRISTMAS

Word Find Puzzles

by Sandra Ilchisin

Watermill Press

Printed in the United States of America.

ISBN 0-8167-1557-2

10 9 8 7 6 5 4

HOW TO SOLVE
WORD FIND PUZZLES

Hidden in each puzzle are all the words in the list next to it. You can find the words by reading in a straight line in any direction—across, backward, up, down, or diagonally. As you find each word, circle it in the puzzle and cross it off the list.

Answers are at the back of the book.

1
North Pole

Blitzen	Prancer
Christmas Eve	Reindeer
Christmas trees	Rudolph
Comet	Sack
Cupid	Santa Claus
Dancer	Sleigh
Dasher	Snow
Donder	Toys
Elves	Vixen
Mrs. Claus	Workshop

```
R E H S A D A E F H G M A
B I S C R E I N D E E R I
R N E Z T I L B D J C S E
E V E S A M T S I R H C E
C E R F A B D N E Q K L G
N L T D A N C E R H V A I
A I S M T N T E J E I U K
R O A L E F D A S K X S M
P N M P M N T O C O E P W
Q R T R O H S A S L N U O
T U S D C G S G U H A V R
C W I U X I W O N S Y U K
U Z R A J E B V K Y I A S
P W H X I L R U D O L P H
I E C H O S Z N B T Y Q O
D C E O N I S I H C L I P
```

Solution is on page 66.

2
Oh Holy Night

Bethlehem

Birth

Camels

Desert

Frankincense

Gifts

Gold

Infant

Joseph

King of Kings

Little Drummer Boy

Manger

Mary

Myrrh

Peace

Savior

Sheep

Star of David

Swaddling clothes

Three Wise Men

```
S F Y S P G L H B A I A C
T H R E E W I S E M E N A
A T A H E B T C T Y S I M
R R M T H D T E H R N S E
O I E O S F L G L R E I L
F B H L I I E I E H C H S
D J J C K O D L H K N C G
A M L G M N R N E O I L N
V O I N G P U N M Q K I I
I Q N I A C M R A S N T K
D D F L U E M O N E A V F
W T A D X E E I G C R Y O
S U N D D F R V E A F G G
I A T A H L B A R E A I N
B J L W C J O S E P H D I
T R E S E D Y G E K M E K
```

Solution is on page 67.

7

3
What's Under
the Tree?

Baseball mitt	Little red wagon
Basketball	Puzzles
Bicycle	Robot
Blackboard	Roller skates
Doll house	Sled
Dolls	Stuffed animal
Dump truck	Tea set
Football	Toy soldier
Ice skates	Train set
Jump rope	Video games

```
S E T A K S R E L L O R T
N T R A I N S E T B F T P
O D U M P T R U C K O T U
G B L F T T O B O R O I Z
A I A L F A U A E C T M Z
W C V D A E E I W E B L L
D Y X I Y B D E S F A L E
E C G Z H L T A J I L A S
R L K I O J E E N K L B U
E E L S M T N F K I O E O
L D Y P G J K H Q S M S H
T O E P O R P M U J A A L
T L D R A O B K C A L B L
I L C H I Z I N A S I H O
L S E T A K S E C I R S D
D E L S E M A G O E D I V
```

Solution is on page 68.

4
"Hark! The Herald Angels Sing"

Adored	Host
Angelic	Mercy
Birth	Newborn
Deity	Prince of Peace
Emmanuel	Proclaim
Everlasting	Reconciled
Hark	Skies
Healing	Triumph
Herald	Veiled
Highest	Wings

```
O G H P N P Q H T U I I R
J S G N I W R S K J V T L
U M H O S T V O K D W N L
H P M U I R T L C E O X E
Y Q M Z H A N G E L I C U
P A E H C D A Q B I A H N
H Y V E L C R N D E S I A
E T E A I F T G P V H G M
U I R L I V J F L K H H M
D E L I C N O C E R A E E
H D A N B E M W D N R S O
P X S G C W Q E R C K T S
Y T T N Z B R U Y I V A O
W P I X A O Y B E Z C Q A
B R N D D R A S C E R D E
P F G A E N E U X W S G F
```

Solution is on page 69.

5
Christmas Goodies

Banana bread	Goose
Candied yams	Gravy
Candy canes	Ham
Chestnuts	Plum pudding
Chocolate Santas	Pumpkin pie
Cranberry sauce	Roast beef
Custard	Stollen
Eggnog	Stuffing
Fruitcake	Sugar cookies
Fruit punch	Turkey

```
F B G N I D D U P M U L P
R C C F L D Y E K R U T C
U H E E C E A F H C B G R
I O H E H A I B C A I C A
T C S B I J D K N N L F N
C O T T S Y M A U D E G B
A L U S I V N N P I G N E
K A N A N A E O T E G I R
E T T O B R S P I D N F R
Q E S R R G O S U Y O F Y
T S E I K O O C R A G U S
M A H U G H G V F M U T A
D N C U S T A R D S E S U
U T W S E N A C Y D N A C
I A X P U M P K I N P I E
Y S T O L L E N Z L E F J
```

Solution is on page 70.

6
"The Night Before Christmas"

Bundle of toys	Reindeer
Chimney	Sleigh
Coursers	Snug
Creature	St. Nick
Happy Christmas	Stirring
Housetop	Stockings
Nestled	Sugarplums
New-fallen snow	Twinkling
Pawing	Visions
Prancing	Wondering eyes

S	E	Y	E	G	N	I	R	E	D	N	O	W
A	M	C	R	E	A	T	U	R	E	C	Q	D
M	E	U	Y	E	N	M	I	H	C	A	F	B
T	C	G	L	S	N	O	I	S	I	V	H	W
S	I	D	I	P	O	T	E	S	U	O	H	O
I	E	J	F	K	R	D	E	L	T	S	E	N
R	G	K	P	G	L	A	H	M	I	N	G	S
H	N	C	A	R	O	J	G	S	R	U	R	N
C	I	I	W	K	A	S	G	U	N	L	E	E
Y	L	N	I	T	U	N	B	S	S	S	E	L
P	K	T	N	V	I	W	C	X	Y	L	D	L
P	N	S	G	K	Z	M	N	I	O	E	N	A
A	I	L	C	H	I	S	I	N	N	I	I	F
H	W	O	S	T	I	R	R	I	N	G	E	W
P	T	C	O	U	R	S	E	R	S	H	R	E
S	Y	O	T	F	O	E	L	D	N	U	B	N

Solution is on page 71.

7
"Silent Night"

Alleluia	Mild
Angels	Mother
Born	Night
Bright	Peace
Calm	Savior
Child	Shepherds
Hail	Silent
Heavenly	Sing
Holy	Sleep
King	Wondrous

```
T X D M E Y U M V F N Z W
A P X A Y A O Z A A B A Q
U E C B D T N E L I S E C
D A E F H F G G L H G L G
M C H E I N J I E I K Q J
K E R L H M R P L L N H S
T O I U P E H Q U R S V S
T G U W H E A V I W X X B
Y N Z Y R O I V A S A O Z
M I L D P S L E E P R A Q
B K S M L A C Y G N C J D
R E K S F H I N G I L H T
I V L I I J I K V G L Y M
W N X L Y S S O Z H P A V
Q A D R B R I G H T S W T
U S U O R D N O W V B W C
```

Solution is on page 72.

8
Christmas Characters

Balthasar	King Wenceslas
Bob Cratchit	Littlest Angel
Elf	Melchior
Father Christmas	Partridge
French hens	Reindeer
Frosty the Snowman	Scrooge
Gabriel	Shepherd
Gaspar	St. Nicholas
Gingerbread man	Tiny Tim
Grinch	Turtledoves

```
F  B  G  F  R  E  N  C  H  H  E  N  S
R  S  I  S  L  P  R  M  R  F  F  S  S
O  A  N  A  I  A  A  E  E  L  T  H  E
S  M  G  L  T  R  S  L  E  S  I  E  V
T  T  E  S  T  T  A  C  D  C  N  P  O
Y  S  R  E  L  R  H  H  N  R  Y  H  D
T  I  B  C  E  I  T  I  I  O  T  E  E
H  R  R  N  S  D  L  O  E  O  I  R  L
E  H  E  E  T  G  A  R  R  G  M  D  T
S  C  A  W  A  E  B  C  H  E  I  S  R
N  R  D  G  N  I  S  I  H  C  L  I  U
O  E  M  N  G  R  I  N  C  H  I  I  T
W  H  A  I  E  A  H  R  A  P  S  A  G
M  T  N  K  L  E  I  R  B  A  G  J  N
A  A  S  A  L  O  H  C  I  N  T  S  K
N  F  B  O  B  C  R  A  T  C  H  I  T
```

Solution is on page 73.

9
Snowman

Arms	Earmuffs
Base	Frosty
Body	Gloves
Broomstick	Head
Buttons	Ice
Cap	Mittens
Carrot nose	Pom-pom
Coal eyes	Scarf
Cold	Smile
Corn cob pipe	Snowballs

```
G C S M R A H D N B O E I
F S N O W B A L L S I J G
K H E A D L H M E S L I N
I O T V L O J Y F P C A P
Q K T R O S E F T E H U L
M U I V C L U W E L I M S
X Y M Y A M G Z B A S E A
N T C O R N C O B P I P E
P S C A R F D A O B N C O
E O E E O Y B F P O V Q G
T R M H T I U I R U P J S
K F L P N M T N V Q W W O
X P Y Q O R T S Y R Z T A
K C I T S M O O R B U B U
V C D M E W N X E G F Y H
I Z J S Y K S L T X U M A
```

Solution is on page 74.

10
Christmas ABC's

Angels	Kriss Kringle
Blessing	Noel
Candle	Ornaments
Decorations	Poinsettia
Eve	Red suit
Festivity	Snowflakes
Gifts	Vacation
Holiday	Wreath
Ivy	Yuletide
Jingle bells	Zest

```
S  N  O  W  F  L  A  K  E  S  S  B  J
C  O  M  D  W  R  E  A  T  H  T  E  D
E  E  D  I  T  E  L  U  Y  B  N  L  F
L  L  S  I  Q  D  D  I  T  L  E  J  M
Y  K  N  T  L  S  N  M  I  E  M  N  E
E  A  D  F  F  U  A  G  V  S  A  O  J
O  A  D  E  P  I  C  E  I  S  N  O  I
N  P  N  I  C  T  G  Y  T  I  R  Q  N
R  H  O  G  L  O  O  V  S  N  O  S  G
P  T  I  Q  E  O  R  I  E  G  U  R  L
U  S  T  V  T  L  H  A  F  W  U  X  E
V  Y  A  Z  W  C  S  B  T  A  I  A  B
B  X  C  C  L  Y  D  S  Z  I  E  A  E
J  E  A  I  T  T  E  S  N  I  O  P  L
F  A  V  G  B  Z  H  K  O  I  C  N  L
K  R  I  S  S  K  R  I  N  G  L  E  S
```

Solution is on page 75.

11
Things to Do

Bake	List
Call	Listen
Cook	Mail
Decorate	Plan
Eat	Prepare
Enjoy	Shop
Feast	Visit
Hang	Wish
Invite	Wrap
Light	Write

```
W  I  S  H  A  A  V  B  A  W  C  A  K
R  E  N  J  O  Y  B  X  T  C  L  D  O
A  E  Y  V  F  J  Z  E  G  I  H  E  O
P  A  I  A  I  I  B  K  S  L  S  M  C
N  D  F  Q  E  T  D  T  P  E  F  I  E
E  M  G  H  P  R  E  P  A  R  E  H  V
K  I  J  E  I  N  C  T  Q  J  K  B  R
A  S  L  K  M  T  O  U  I  V  L  W  M
B  N  X  N  O  Y  R  Z  O  R  A  P  A
B  Q  O  G  F  W  A  P  D  S  W  E  Q
T  M  R  T  N  V  T  E  T  C  L  U  F
G  U  A  T  S  A  E  F  H  V  D  I  W
X  I  N  I  S  I  H  C  L  I  G  H  T
J  Y  A  Z  L  K  L  A  L  A  E  J  M
F  N  L  O  A  G  O  L  P  B  H  Q  C
R  D  P  S  E  I  T  L  U  P  O  H  S
```

Solution is on page 76.

25

12
"Away in a Manger"

Asleep	Head
Baby	Heaven
Bed	Love
Bless	Manger
Bright	Morning
Care	Pray
Cattle	Sky
Children	Sweet
Dear	Tender
Hay	Thee

```
S D Y T E F Q H E A D V E
F K W G X T Y H Z E J A F
S A K B L H C P A V M V D
M E M A N G E R E O O F N
G O W P H I I A J L R Q K
R L S M T R N Y V O N P U
Q V X W R B S E Y E I X T
Y U Z V A W E X R Y N Z Z
A A A B B S I D C A G B D
C E Y O A E L T T A C G D
H A I A I I C E J E B E K
F L G M H T H E E O C P H
Q I R C S J I W I P T K U
L U M D N V S S E L B W O
X P E H Q Y I Z R E G S A
T A U R E D N E T B U C V
```

Solution is on page 77.

13
That Christmas Feeling . . .

Anticipation	Joy
Celebrate	Love
Charity	Magic
Excitement	Memories
Faith	Peace
Fun	Singing
Giving	Spirit
Glad tidings	Tradition
Good cheer	Warmth
Hope	Wonderment

```
A  S  A  F  U  N  C  T  C  I  G  A  M
U  N  V  P  W  D  X  E  Y  L  E  Z  F
B  G  T  I  R  I  P  S  A  A  H  R  I
M  I  J  I  K  A  L  D  M  Q  E  N  O
E  P  E  X  C  I  T  E  M  E  N  T  R
M  B  Q  Y  T  I  R  A  H  C  R  N  G
O  T  C  U  D  U  P  C  V  D  W  E  S
R  N  O  I  T  I  D  A  R  T  X  M  Y
I  Z  N  A  E  O  B  Z  T  C  E  R  D
E  G  E  F  O  F  G  G  H  I  F  E  H
S  I  N  G  I  N  G  E  I  A  O  D  I
J  V  K  L  I  L  C  H  I  S  I  N  I
T  I  I  J  O  A  K  T  L  U  J  O  Y
M  N  U  V  E  N  H  T  M  R  A  W  O
V  G  E  P  O  H  O  M  W  B  X  P  N
C  E  L  E  B  R  A  T  E  Q  O  Y  R
```

Solution is on page 78.

14
Christmas Gift List
(Look Who's Been Naughty or Nice)

Aunt	Milkman
Best friend	Mother
Brother	Nephew
Cousin	Niece
Father	Paperperson
Godfather	Pet
Godmother	Sister
Grandfather	Teacher
Grandmother	Uncle
Mailman	Yourself

```
A E R E H T O M D N A R G
I C B F C M N A D I I E O
F E J G K I I I I H L G D
M I I R S J E L C N U J F
K N L U E M C M K N N A A
R K O O O H P A Q M T R T
E C L S I S C N T H A V H
H U M S R V N A E W U N E
T O I P F E Q R E R X E R
A N S Y T L P U Z T V P W
F B R O T H E R X A Y H A
D N E I R F T S E B B E Z
N A O M O T H E R P C W A
A P B D Q W C T N U A D H
R E T S I S E R E S O P E
G O D M O T H E R F E Y G
```

Solution is on page 79.

15
"O Come All Ye Faithful"

Adore	Father
Angels	Glory
Behold	Greet
Bethlehem	Happy
Born	Heaven
Choirs	Joyful
Citizens	King
Come	Light
Exultation	Sing
Faithful	Triumphant

```
E U N A O G B O U D V P W
R X F A I T H F U L P S E
O Q A R C B S R I O H C C
D D S B E T H L E H E M I
A T O A U R B V C E W D T
E R A G D I D G X B H Y I
N I N N P U H J J N K L Z
M I G I J M N K O O L H E
Q M E S R P S I G Y T N N
U O L I G H T P R Q F R S
S V S H F A T H E R W U T
X U G C T N Y V E Z W J L
C A X L K T A Y T A Z B K
O C U I O D A E A F V B G
M X N H C R I D L E J E K
E G H A P P Y L F M M N N
```

Solution is on page 80.

16
Christmas Day!

Bows	Party
Boxes	Presents
Carolers	Relatives
Carols	Ribbons
Feasting	Snowfall
Gift wrap	Surprises
Holly	Tags
Merriment	Trimming
Mistletoe	Visitors
Packages	Yule log

```
R E L A T I V E S A S B F
C G G O L E L U Y B R B D
S R E L O R A C A R O L S
T E H E Y L L O H X T W E
N I F G O G T R E I I J S
E H K N L T N S P E S G I
S F M I G N E H A U I I J
E O K M L O M L R F V M N
R N P M I O I P T O Q I R
P S P I Q T R W Y S G A T
R J S R T I R I U U I U V
G N I T S A E F B W K M X
V Y W E P X M Y Z B Z A A
A A S E G A K C A P O B B
C E O S U V T P M C D N E
D E Q N E L L A F W O N S
```

Solution is on page 81.

17
'Tis the Season

Chill	Icicle
Chimney	Jack Frost
Clatter	Jolly
Cold	Merry Christmas
Dancing	Nestle
December	Sleet
Freeze	Sleigh ride
Ho ho ho	Slippery
Housetop	Snow
Ice	Sugarplums

```
Q O J R E B M E C E D R I
R A A B Y R E P P I L S C
E L C I C I R C S L O J E
T D K E T G R F I H C O I
T U F V I W Y H T E E L S
A J R K X L C M D N Y L O
L Z O Q A C H I M N E Y C
C A S U G A R P L U M S P
Q B T R C H I D S C E G T
W U F E G O S U F P H N V
G X R I Y U T Z H Q R I A
A Z E B I S M C J S S C D
K L E L E E A S M I E N F
S G Z E L T S E N H O A I
J N E K H O H O H O L D M
O N U V O P U W X O W Y P
```

Solution is on page 82.

18
"The Nutcracker"

Battle

Christmas Forest

Crowns

Duel

Fritz

Godfather

Herr Drosselmeyer

Kingdom of Sweets

Marie

Mice

Midnight

Mouse King

Nutcracker

Party

Presents

Prince

Sugar Plum Fairy

Tin soldiers

Toymaker

Whistle

```
S C T M O U S E K I N G R
U H F T E L T S I H W G E
Y R G H C A E L T T A B Y
R I O G N U E A D U E L E
I S D I I N W V W S D X M
A T F N R Y S R N Z E A L
F M A D P A F W B N C P E
M A T I N S O L D I E R S
U S H M D R M E H S M E S
L F E A C E O A F I H S O
P O R R I A D E C H B E R
R R I I J Y G E K C L N D
A E M E T N N O C L D T R
G S O R P Z I Q J I R S R
U T A S R E K A M Y O T E
S P R E K C A R C T U N H
```

Solution is on page 83.

19
Christmas Vacation Fun

Arcades	Sleigh ride
Bowling	Slumber parties
Ice fishing	Snow angels
Ice skate	Snowball fight
Movies	Snow fort
Roller skate	Snowman
Shopping	Snowmobiling
Ski	Television
Sled ride	Tobogganing
Sleep in	Travel

```
T H G I F L L A B W O N S
N S P H K S N O W M A N Q
I E T A K S R E L L O R J
K I I R L G N I L W O B M
M T C L N L E V A R T O T
E R E S C O B N O S V T O
D A F L C H G V H I U W B
I P I V E E I O E Y S D O
R R S E L V P S Z E L T G
H E H S D P I G I H E R G
G B I J I I A S E N E O A
I M N N A A R B I C P F N
E U G D A F E D F O I W I
L L G A R C A D E S N O N
S S N O W M O B I L I N G
I C E S K A T E A C S S D
```

Solution is on page 84.

20
Santa Claus

Ashes	Mustache
Belly	Pipe
Belt	Plump
Black boots	Red suit
Chimney	Sack
Dimples	Sleigh
Fleece	Soot
Gloves	Toys
Hat	Twinkle
Jolly	White beard

```
N H A U A B F B V I B W O
C P M U L P D X P H A T Q
R E B S Y C C D Z T S E I
F X E H Q Y E N M I H C V
W G L X P T I U S D E R Y
I Z T W I N K L E A S I G
A J B H P E H C A T S U M
M H G I E L S N O O G N K
H L L T I J M O K Y I N L
H M O E O I B I O S J Q O
P Y V B Q K R O I T S K T
F L E E C E U H V L R W M
X L S A C K C Y Q V N P Z
Q E L R Y L L O J A O R A
B B C D I M P L E S D S E
T E U O W S X T Y P U U G
```

Solution is on page 85.

21
"We Three Kings"

Alleluia	Melchior
Balthasar	Moor
Field	Mountain
Fountain	Myrrh
Frankincense	Orient
Gaspar	Reign
Gifts	Royal beauty
Glorious	Westward
Gold	Wonder
King	Yonder star

```
F O U N T A I N T L U O A
M R A S A H T L A B O V I
P O A Q W R O X F S D T U
Y Y O N D E R S T A R Z L
U A U R K V I W M X A Y E
A L M Z F I E L D U W V L
A B O I G N N W J X T Y L
A E U A B M T C B M S W A
O A N C C Y D D E Z E O E
E U T F E R G L R N W N E
F T A A H R C K E I S D R
I Y I L C H I S I N J E A
P K N G I F T S G N L R P
M G Q O R A H N N S G T S
I B R L O J T C E D K P A
Q U R D S S U O I R O L G
```

Solution is on page 86.

22
Christmas
In the Country

Candlelight

Christmas tree

Decorations

Evergreens

Footprints

Frozen lake

Grandma's house

Holly

Horses

Joy ride

Pine cones

Pine scent

Pine trees

Red and green

Sleigh bells

Snow drifts

Snowfall

Treats

Woods

Wreaths

```
W D N E E R G D N A D E R
O S L L E B H G I E L S T
O E F R O Z E N L A K E H
D S E D I R Y O J C E J G
S U E K Y L L O H F H G I
W O F O O T P R I N T S L
C H R I S T M A S T R E E
I S I X J R K Y I L V E L
L A P I N E C O N E S R D
L M M Z N A O A R O A T N
A D B P C T D G E I Q E A
F N R S E S R O H S E N C
W A P I N E S C E N T I F
O R W R E A T H S T G P U
N G S N O W D R I F T S H
S V S N O I T A R O C E D
```

Solution is on page 87.

23
The Story of Rudolph

Bright

Christmas Eve

Fly

Foggy

Furry

Glee

Glow

Guide

Hero

Laugh

Lead

Misfit toys

Palace

Red nose

Reindeer games

Santa

Shiny nose

Shout

Sleigh

Snowstorm

I	J	Y	L	F	I	K	P	A	L	A	C	E
L	L	S	N	O	W	S	T	O	R	M	Y	V
C	M	H	H	G	I	I	N	O	I	R	S	E
E	D	I	U	G	O	I	J	N	R	I	K	S
I	P	N	J	Y	K	A	L	U	M	Q	E	A
R	S	Y	O	T	T	I	F	S	I	M	S	M
N	L	N	M	N	N	G	T	S	A	U	T	T
F	O	O	A	U	O	L	H	G	I	E	L	S
P	E	S	O	N	D	E	R	Q	U	R	G	I
V	T	E	Z	W	T	E	U	D	A	E	L	R
L	X	U	Y	V	E	W	A	V	X	C	O	H
Y	A	Z	A	D	A	B	W	C	H	D	W	C
E	O	U	N	E	X	A	Y	I	B	F	Z	C
B	R	I	G	H	T	D	S	H	O	U	T	E
E	E	E	G	H	F	I	A	E	A	O	G	G
R	H	H	H	P	N	Q	B	D	C	I	R	I

Solution is on page 88.

24
"O Christmas Tree"

Awe	Gold
Boughs	Green
Cheer	Light
Cherish	Limbs
Faithful	Lush
Fragrance	Presents
Fruits	Pyramid
Gifts	Shelter
Glass	Silver
Gleam	Wrappings

S	P	N	T	Q	O	U	P	R	G	O	L	D
S	G	S	H	E	L	T	E	R	Q	V	R	Y
T	S	N	G	U	U	W	H	J	I	X	V	U
W	V	X	I	W	Y	B	O	U	G	H	S	X
S	Z	A	L	P	A	Z	Y	K	Z	A	B	A
I	B	C	C	D	P	M	E	C	D	A	Q	F
L	U	F	H	T	I	A	F	G	A	E	B	H
V	I	R	I	C	H	E	R	I	S	H	I	Q
E	L	U	S	H	J	L	A	W	E	K	F	L
R	M	I	I	E	N	G	G	O	C	G	P	D
Q	S	T	N	E	S	E	R	P	R	H	S	I
I	T	S	U	R	T	V	A	W	I	X	J	M
Y	K	Z	A	A	F	A	N	B	L	D	C	A
M	D	N	E	L	I	F	C	G	E	H	L	R
I	O	E	P	J	G	R	E	E	N	Q	K	Y
F	S	B	M	I	L	L	R	G	S	M	T	P

Solution is on page 89.

25
Winter Wear

Boots

Cardigan

Coat

Corduroy

Down vest

Earmuffs

Flannel shirt

Gloves

Hat

Jacket

Leg warmers

Kerchief

Mittens

Parka

Scarf

Snow pants

Stockings

Thermal underwear

Turtleneck

Wool socks

S	T	O	C	K	I	N	G	S	I	G	R	I
T	W	O	O	L	S	O	C	K	S	L	A	G
N	C	H	S	R	E	M	R	A	W	G	E	L
A	S	H	W	D	I	J	E	X	I	I	W	O
P	T	U	R	T	L	E	N	E	C	K	R	V
W	O	I	Y	F	S	A	I	O	Z	I	E	E
O	O	A	N	G	G	O	A	P	I	Q	D	S
N	B	R	J	I	S	T	K	A	T	F	N	L
S	M	U	D	U	N	B	O	V	P	R	U	I
W	T	R	I	H	S	L	E	N	N	A	L	F
P	A	R	K	A	H	A	T	E	K	C	A	J
C	O	R	D	U	R	O	Y	X	H	S	M	Y
Z	Q	C	S	N	E	T	T	I	M	R	R	A
E	A	R	M	U	F	F	S	A	S	B	E	H
T	K	E	R	C	H	I	E	F	C	U	H	D
E	V	D	O	W	N	V	E	S	T	E	T	F

Solution is on page 90.

26
Christmas Ornaments

Angel hair	Garland
Angels	Lights
Balls	Nativity scene
Beads	Nutcracker
Bells	Popcorn
Bows	Stars
Candles	Stockings
Candy canes	Tinsel
Doves	Water globe
Figurines	Wreath

```
A G H B F C H E J I D C N
J E F R I A H L E G N A E
F I A N G E L S A K T N L
M G L S U H N J I I O D I
N K E T R J P L V K Q Y L
U M S H I O S I D Q M C W
T Q N G N R T D N S N A R
C P I I E Y A T A O T N E
R P T L S R R Y L E P E A
A Q O C U I S R R S B S T
C O E P A V H G A U B W H
K N X U C N L C G A O V Y
E Z S E V O D W L X W A I
R A Z A B E R L B I S C B
S L L E B D S N E C I D E
S T O C K I N G S S E I F
```

Solution is on page 91.

27
The Night the Animals Talked . . .

Bull	Hens
Calves	Horses
Camel	Lamb
Cattle	Mule
Chickens	Oxen
Deer	Pony
Dog	Rabbit
Donkey	Rooster
Dove	Sheep
Hare	Turkey

```
C S V A O W Y Z X P B W A
A H O R S E S H E E P A X
M T I B B A R N Y L T D Z
E R L C A A C A L L U B B
L C C D K E B D C E R M F
G D H A R E H E I O K I Q
R J I E K S N L O X E N M
P N S E N F T S G E Y O H
P O I Q S S T R I E S J T
E U N V R E E D K L U W K
X L Y Y R Z V N M T N F A
G A O H P B O L C T D Q E
L E R L F D D G A A H S I
J A K T I U I U L C M J G
U N M O V K U V L W P O Q
R X S B T Y M N Z U D A U
```

Solution is on page 92.

28
"Good King Wenceslas"

Bless

Brightly

Crisp

Dwelling

Feast

Fountain

Frost

Fuel

Heart

King

Monarch

Moon

Mountain

Peasant

Pine logs

Poor

Shone

Snow

Wenceslas

Winter

```
B V C N H C R A N O M D W
X E O Y Z F R G O A H W I
J O U P K G N I L L E W D
M Q L R N M S V S N O W T
U O V I W B Q W C P C X P
Q Y K R Z D S E Y Z E T F
A G W U P Y S U H A I B V
X P I N E L O G S X C Y D
E Z N I A T N U O M F L G
J H T S S H K X H A P E L
S C E I A G I E E J O U D
K S R H N I A T N U O F L
E M E C T R F M O F R E G
N H N L T B O I H O J A O
K P P I B L S M S Q N S E
Q O R B D C S T T V B T U
```

Solution is on page 93.

29
Snacks for Santa & Reindeer

Bread sticks	Lettuce
Brownies	Marshmallows
Carrots	Milk
Celery	Mints
Cheese	Nachos
Chocolate	Nuts
Cocoa	Oatmeal cookies
Crackers	Orange juice
Cranberry juice	Popcorn
Eggnog	Pretzels

```
C H O C O L A T E C H P D
R S E C I U J E G N A R O
A T C Y E I F N G G I E A
C O I R J H K I N L G T T
K R U E I M I S O P N Z M
E R J L O I O I G O J E E
R A Y E S E E H C P K L A
S C R C L A O C O C M S L
M A R S H M A L L O W S C
N V E O Q O K I E R P W O
X Q B Y R L S S T N I M O
T Z N U I I A O T U A V K
C W A M N X J H U Y D Z I
A E R A U B E C C C F D E
S K C I T S D A E R B E S
F E H G S E I N W O R B B
```

Solution is on page 94.

30
Christmas Snowflakes

Crystal	Lace
Dainty	Light
Dancing	Melting
December	Ornate
Delicate	Pattern
Different	Special
Drifting	Starry
Floating	Sticking
Frosty	White
Frozen	Winter

```
S  D  R  I  F  T  I  N  G  T  M  R  U
S  P  E  C  I  A  L  I  G  H  T  V  N
W  S  B  L  X  O  O  Y  P  T  U  Q  Z
V  R  M  S  I  A  R  T  A  U  W  B  V
C  X  E  D  W  C  N  E  X  F  S  G  Y
Z  I  C  G  I  A  A  R  E  T  N  I  W
J  Y  E  N  R  E  T  T  A  P  Y  K  B
C  M  D  I  F  F  E  R  E  N  T  D  L
M  E  Z  T  N  F  R  O  Z  E  N  E  O
B  L  O  A  P  Y  Q  O  R  I  I  S  E
T  T  U  O  V  F  A  W  S  X  A  G  Y
H  I  Z  L  A  I  A  I  B  T  D  C  J
D  N  K  F  L  W  H  I  T  E  Y  E  L
M  G  N  I  K  C  I  T  S  F  N  A  Q
G  O  I  H  L  A  T  S  Y  R  C  I  C
G  N  I  C  N  A  D  D  J  E  L  Q  K
```

Solution is on page 95.

31
"A Christmas Carol"

Bah humbug

Cemetery

Christmas pudding

Cratchit

Crutch

Dickens

Fezziwig

Future

Generous

God bless us

Gravestone

Marley

Miser

Nephew

Past

Present

Prize turkey

Scrooge

Spirits

Tiny Tim

```
L O F O M T I H C T A R C
P N Q P A S T I R I P S H
O R C O S G L H T P N Q R
U R E V F E Z Z I W I G I
S W M G O D B L E S S U S
E T E U T V X W N W I H T
G X T R Y N E Z O A H C M
O A E Y U H E Z T B C T A
O C R D P T C S S D L U S
R I Y E K R U T E Z I R P
C E N E S F I F V R G C U
S N E K C I D I A J P K D
H A I M N I M A R L E Y D
B A H H U M B U G I A J I
K B J C L M I T Y N I T N
D M K N E S U O R E N E G
```

Solution is on page 96.

65

1
North Pole

```
R E H S A D A E F H G M A
B I S C R E I N D E E R I
R N E Z T I L B D J C S E
E V E S A M T S I R H C E
C E R F A B D N E Q K L G
N L T D A N C E R H V A I
A I S M T N T E J E I U K
R O A L E F D A S K X S M
P N M P M N T O C O E P W
Q R T R O H S A S L N U O
T U S D C G S G U H A V R
C W I U X I W O N S Y U K
U Z R A J E B V K Y I A S
P W H X I L R U D O L P H
I E C H O S Z N B T Y Q O
D C E O N I S I H C L I P
```

2
Oh Holy Night

```
S F Y S P G L H B A I A C
T H R E E W I S E M E N A
A T A H E B T C T Y S I M
R R M T H D T E H R N S E
O I E O S F L G L R E I L
F B H L I I E I E H C H S
D J J C K O D L H K N C G
A M L G M N R N E O I L N
V O I N G P U N M Q K I I
I Q N I A C M R A S N T K
D D F L U E M O N E A V F
W T A D X E E I G C R Y O
S U N D D F R V E A F G N
I A T A H L B A R E A I N
B J L W C J O S E P H D I
T R E S E D Y G E K M E K
```

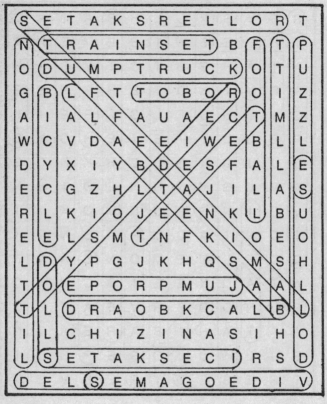

```
S E T A K S R E L L O R T
N T R A I N S E T B F T P
O D U M P T R U C K O T U
G B L F T T O B O R O I Z
A I A L F A U A E C T M Z
W C V D A E E I W E B L L
D Y X I Y B D E S F A L E
E C G Z H L T A J I L A S
R L K I O J E E N K L B U
E E L S M T N F K I O E O
L D Y P G J K H Q S M S H
T O E P O R P M U J A A L
T L D R A O B K C A L B L
I L C H I Z I N A S I H O
L S E T A K S E C I R S D
D E L S E M A G O E D I V
```

4
"Hark! The Herald Angels Sing"

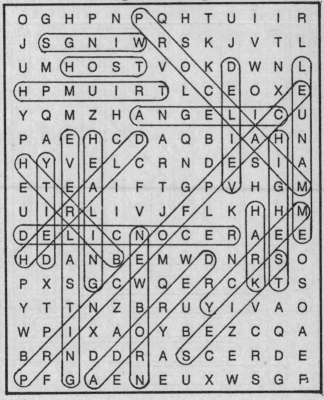

5
Christmas Goodies

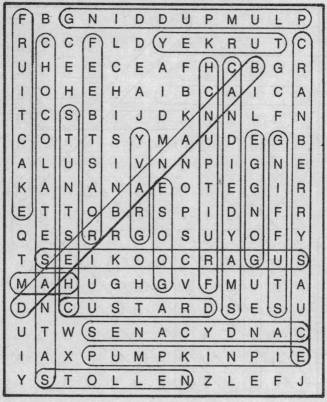

F	B	G	N	I	D	D	U	P	M	U	L	P
R	C	C	F	L	D	Y	E	K	R	U	T	C
U	H	E	E	C	E	A	F	H	C	B	G	R
I	O	H	E	H	A	I	B	C	A	I	C	A
T	C	S	B	I	J	D	K	N	N	L	F	N
C	O	T	T	S	Y	M	A	U	D	E	G	B
A	L	U	S	I	V	N	N	P	I	G	N	E
K	A	N	A	N	A	E	O	T	E	G	I	R
E	T	T	O	B	R	S	P	I	D	N	F	R
Q	E	S	R	R	G	O	S	U	Y	O	F	Y
T	S	E	I	K	O	O	C	R	A	G	U	S
M	A	H	U	G	H	G	V	F	M	U	T	A
D	N	C	U	S	T	A	R	D	S	E	S	U
U	T	W	S	E	N	A	C	Y	D	N	A	C
I	A	X	P	U	M	P	K	I	N	P	I	E
Y	S	T	O	L	L	E	N	Z	L	E	F	J

6
"The Night Before Christmas"

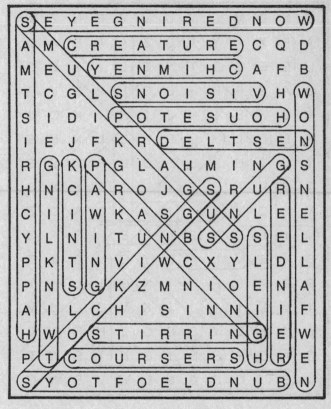

7
"Silent Night"

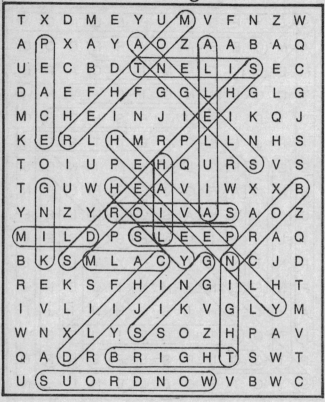

Christmas Characters

```
F  B  G  F  R  E  N  C  H  H  E  N  S
R  S  A  S  L  P  R  M  R  F  F  S  S
O  A  G  S  I  A  A  E  E  L  T  H  E
S  M  G  L  T  R  S  L  E  S  I  E  V
T  T  E  L  T  T  A  D  C  C  N  P  O
Y  S  R  E  R  H  H  N  R  Y  N  H  D
H  I  B  C  I  I  I  I  O  T  I  E  E
E  R  R  N  S  D  L  O  E  O  R  R  L
S  H  E  E  T  G  A  R  R  G  M  D  T
S  C  A  W  A  E  B  C  H  E  I  S  R
N  R  D  G  N  I  S  I  H  C  L  I  U
O  E  M  N  G  R  I  N  C  H  I  I  T
W  H  A  I  E  A  H  R  A  P  S  A  G
M  T  N  K  L  E  I  R  B  A  G  J  N
A  A  S  A  L  O  H  C  I  N  T  S  K
N  F  B  O  B  C  R  A  T  C  H  I  T
```

9
Snowman

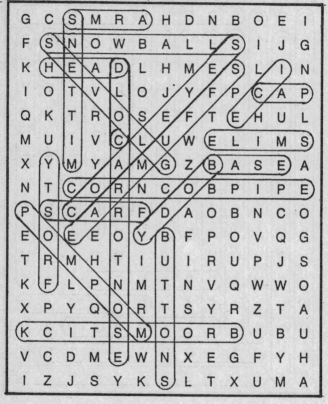

```
G  C  S  M  R  A  H  D  N  B  O  E  I
F  S  N  O  W  B  A  L  L  S  I  J  G
K  H  E  A  D  L  H  M  E  S  L  I  N
I  O  T  V  L  O  J  Y  F  P  C  A  P
Q  K  T  R  O  S  E  F  T  E  H  U  L
M  U  I  V  C  L  U  W  E  L  I  M  S
X  Y  M  Y  A  M  G  Z  B  A  S  E  A
N  T  C  O  R  N  C  O  B  P  I  P  E
P  S  C  A  R  F  D  A  O  B  N  C  O
E  O  E  E  O  Y  B  F  P  O  V  Q  G
T  R  M  H  T  I  U  I  R  U  P  J  S
K  F  L  P  N  M  T  N  V  Q  W  W  O
X  P  Y  Q  O  R  T  S  Y  R  Z  T  A
K  C  I  T  S  M  O  O  R  B  U  B  U
V  C  D  M  E  W  N  X  E  G  F  Y  H
I  Z  J  S  Y  K  S  L  T  X  U  M  A
```

74

10
Christmas ABC's

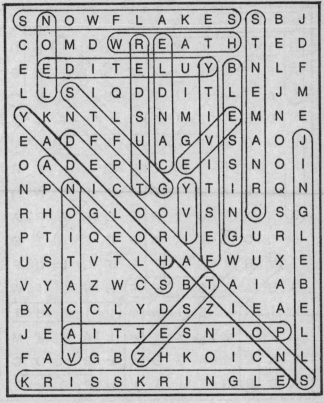

11
Things to Do

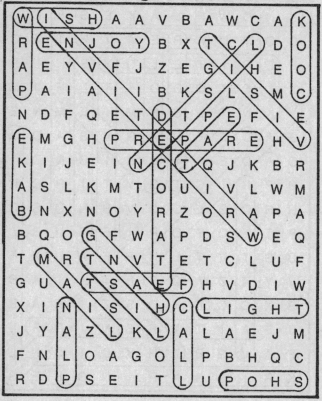

```
W  I  S  H  A  A  V  B  A  W  C  A  K
R  E  N  J  O  Y  B  X  T  C  L  D  O
A  E  Y  V  F  J  Z  E  G  I  H  E  O
P  A  I  A  I  I  B  K  S  L  S  M  C
N  D  F  Q  E  T  D  T  P  E  F  I  E
E  M  G  H  P  R  E  P  A  R  E  H  V
K  I  J  E  I  N  C  T  Q  J  K  B  R
A  S  L  K  M  T  O  U  I  V  L  W  M
B  N  X  N  O  Y  R  Z  O  R  A  P  A
B  Q  O  G  F  W  A  P  D  S  W  E  Q
T  M  R  T  N  V  T  E  T  C  L  U  F
G  U  A  T  S  A  E  F  H  V  D  I  W
X  I  N  I  S  I  H  C  L  I  G  H  T
J  Y  A  Z  L  K  L  A  L  A  E  J  M
F  N  L  O  A  G  O  L  P  B  H  Q  C
R  D  P  S  E  I  T  L  U  P  O  H  S
```

12
"Away in a Manger"

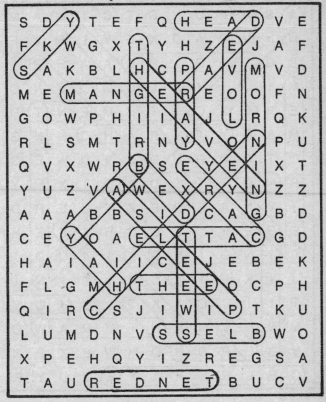

13
That Christmas
Feeling . . .

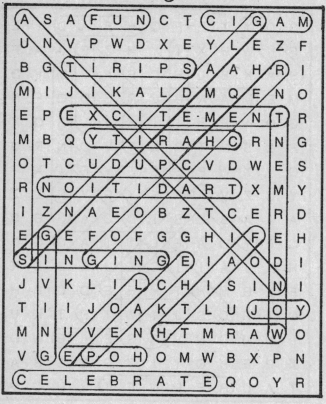

```
A  S  A  F  U  N  C  T  C  I  G  A  M
U  N  V  P  W  D  X  E  Y  L  E  Z  F
B  G  T  I  R  I  P  S  A  A  H  R  I
M  I  J  I  K  A  L  D  M  Q  E  N  O
E  P  E  X  C  I  T  E  M  E  N  T  R
M  B  Q  Y  T  I  R  A  H  C  R  N  G
O  T  C  U  D  U  P  C  V  D  W  E  S
R  N  O  I  T  I  D  A  R  T  X  M  Y
I  Z  N  A  E  O  B  Z  T  C  E  R  D
E  G  E  F  O  F  G  G  H  I  F  E  H
S  I  N  G  I  N  G  E  I  A  O  D  I
J  V  K  L  I  L  C  H  I  S  I  N  I
T  I  I  J  O  A  K  T  L  U  J  O  Y
M  N  U  V  E  N  H  T  M  R  A  W  O
V  G  E  P  O  H  O  M  W  B  X  P  N
C  E  L  E  B  R  A  T  E  Q  O  Y  R
```

14
Christmas Gift List
(Look Who's Been Naughty or Nice)

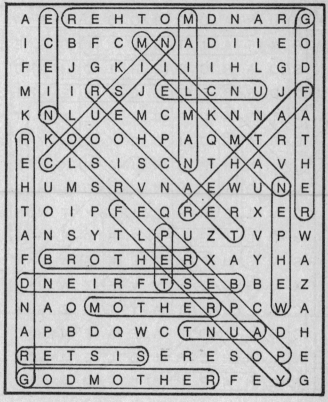

```
A  E  R  E  H  T  O  M  D  N  A  R  G
I  C  B  F  C  M  N  A  D  I  I  E  O
F  E  J  G  K  I  I  I  I  H  L  G  D
M  I  I  R  S  J  E  L  C  N  U  J  F
K  N  L  U  E  M  C  M  K  N  A  A  A
R  K  O  O  H  P  A  Q  M  T  R  T  T
E  C  L  S  I  S  C  N  T  H  A  V  H
H  U  M  S  R  V  N  A  E  W  U  N  E
T  O  I  P  F  E  Q  R  E  R  X  E  R
A  N  S  Y  T  L  P  U  Z  T  V  P  W
F  B  R  O  T  H  E  R  X  A  Y  H  A
D  N  E  I  R  F  T  S  E  B  B  E  Z
N  A  O  M  O  T  H  E  R  P  C  W  A
A  P  B  D  Q  W  C  T  N  U  A  D  H
R  E  T  S  I  S  E  R  E  S  O  P  E
G  O  D  M  O  T  H  E  R  F  E  Y  G
```

15
"O Come All Ye Faithful"

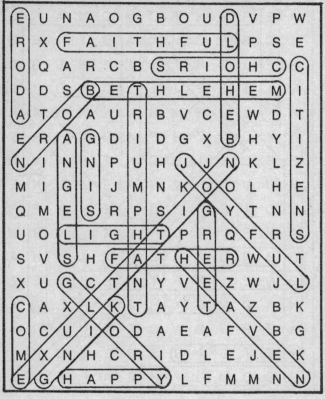

16
Christmas Day!

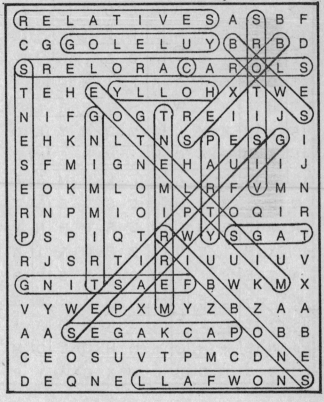

```
R E L A T I V E S  A  S  B  F
C G G O L E L U Y  B  R  B  D
S R E L O R A C A R O L S
T E H E Y L L O H X T W E
N I F G O G T R E I I J S
E H K N L T N S P E S G I
S F M I G N E H A U I I J
E O K M L O M L R F V M N
R N P M I O I P T O Q I R
P S P I Q T R W Y S G A T
R J S R T I R I U U I U V
G N I T S A E F B W K M X
V Y W E P X M Y Z B Z A A
A A S E G A K C A P O B B
C E O S U V T P M C D N E
D E Q N E L L A F W O N S
```

17
'Tis the Season

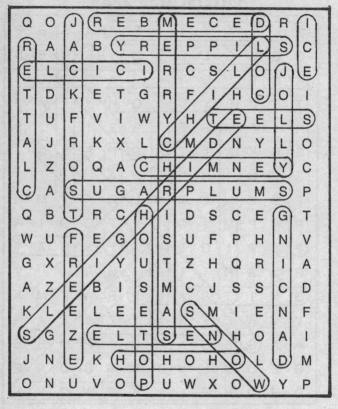

```
Q  O  J  R  E  B  M  E  C  E  D  R  I
R  A  A  B  Y  R  E  P  P  I  L  S  C
E  L  C  I  C  I  R  C  S  L  O  J  E
T  D  K  E  T  G  R  F  I  H  C  O  I
T  U  F  V  I  W  Y  H  T  E  E  L  S
A  J  R  K  X  L  C  M  D  N  Y  L  O
L  Z  O  Q  A  C  H  I  M  N  E  Y  C
C  A  S  U  G  A  R  P  L  U  M  S  P
Q  B  T  R  C  H  I  D  S  C  E  G  T
W  U  F  E  G  O  S  U  F  P  H  N  V
G  X  R  I  Y  U  T  Z  H  Q  R  I  A
A  Z  E  B  I  S  M  C  J  S  S  C  D
K  L  E  L  E  E  A  S  M  I  E  N  F
S  G  Z  E  L  T  S  E  N  H  O  A  I
J  N  E  K  H  O  H  O  H  O  L  D  M
O  N  U  V  O  P  U  W  X  O  W  Y  P
```

18
"The Nutcracker"

```
S  C  T  M  O  U  S  E  K  I  N  G  R
U  H  F  T  E  L  T  S  I  H  W  G  E
Y  R  G  H  C  A  E  L  T  T  A  B  Y
R  I  O  G  N  U  E  A  D  U  E  L  E
I  S  D  I  I  N  W  V  W  S  D  X  M
A  T  F  N  R  Y  S  R  N  Z  E  A  L
F  M  A  D  P  A  F  W  B  N  C  P  E
M  A  T  I  N  S  O  L  D  I  E  R  S
U  S  H  M  D  R  M  E  H  S  M  E  S
L  F  E  A  C  E  O  A  F  I  H  S  O
P  O  R  R  I  A  D  E  C  H  B  E  R
R  R  I  I  J  Y  G  E  K  C  L  N  D
A  E  M  E  T  N  N  O  C  L  D  T  R
G  S  O  R  P  Z  I  Q  J  I  R  S  R
U  T  A  S  R  E  K  A  M  Y  O  T  E
S  P  R  E  K  C  A  R  C  T  U  N  H
```

19
Christmas Vacation Fun

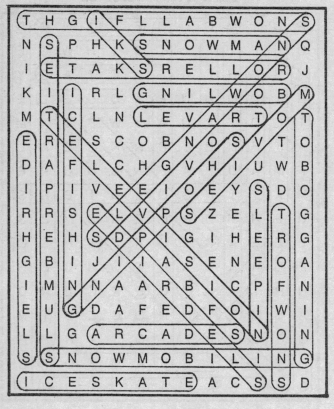

```
T H G I F L L A B W O N S
N S P H K S N O W M A N Q
I E T A K S R E L L O R J
K I I R L G N I L W O B M
M T C L N L E V A R T O T
E R E S C O B N O S V T O
D A F L C H G V H I U W B
I P I V E E I O E Y D O G
R R S E L V P S Z E L T G
H E H S D P I G I H E R G
G B I J I I A S E N E O A
I M N N A A R B I C P F N
E U G D A F E D F O I W I
L L G A R C A D E S N O N
S S N O W M O B I L I N G
I C E S K A T E A C S S D
```

20
Santa Claus

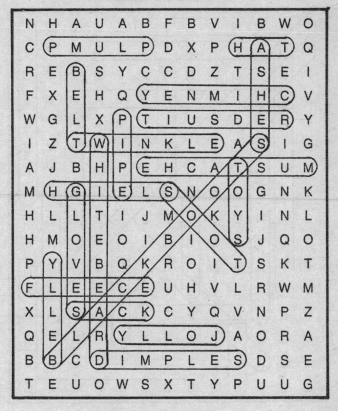

```
N H A U A B F B V I B W O
C P M U L P D X P H A T Q
R E B S Y C C D Z T S E I
F X E H Q Y E N M I H C V
W G L X P T I U S D E R Y
I Z T W I N K L E A S I G
A J B H P E H C A T S U M
M H G I E L S N O O G N K
H L L T I J M O K Y I N L
H M O E O I B I O S J Q O
P Y V B Q K R O I T S K T
F L E E C E U H V L R W M
X L S A C K C Y Q V N P Z
Q E L R Y L L O J A O R A
B B C D I M P L E S D S E
T E U O W S X T Y P U U G
```

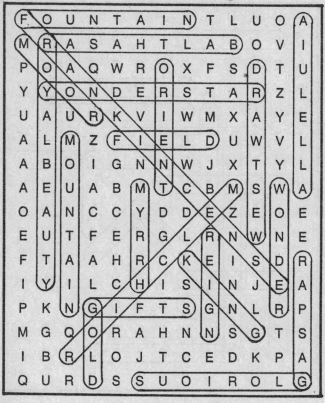

```
F O U N T A I N T L U O A
M R A S A H T L A B O V I
P O A Q W R O X F S D T U
Y O N D E R S T A R Z L
U A U R K V I W M X A Y E
A L M Z F I E L D U W V L
A B O I G N N W J X T Y L
A E U A B M T C B M S W A
O A N C C Y D D E Z E O E
E U T F E R G L R N W N E
F T A A H R C K E I S D R
I Y I L C H I S I N J E A
P K N G I F T S G N L R P
M G Q O R A H N N S G T S
I B R L O J T C E D K P A
Q U R D S S U O I R O L G
```

22
Christmas In the Country

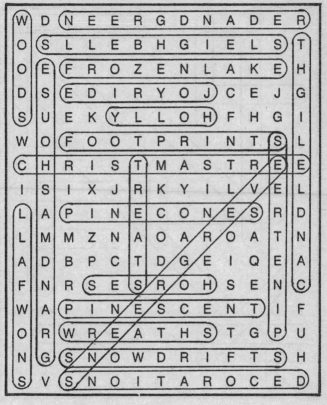

```
W  D  N  E  E  R  G  D  N  A  D  E  R
O  S  L  L  E  B  H  G  I  E  L  S  T
O  E  F  R  O  Z  E  N  L  A  K  E  H
D  S  E  D  I  R  Y  O  J  C  E  J  G
S  U  E  K  Y  L  L  O  H  F  H  G  I
W  O  F  O  O  T  P  R  I  N  T  S  L
C  H  R  I  S  T  M  A  S  T  R  E  E
I  S  I  X  J  R  K  Y  I  L  V  E  L
L  A  P  I  N  E  C  O  N  E  S  R  D
L  M  M  Z  N  A  O  A  R  O  A  T  N
A  D  B  P  C  T  D  G  E  I  Q  E  A
F  N  R  S  E  S  R  O  H  S  E  N  C
W  A  P  I  N  E  S  C  E  N  T  I  F
O  R  W  R  E  A  T  H  S  T  G  P  U
N  G  S  N  O  W  D  R  I  F  T  S  H
S  V  S  N  O  I  T  A  R  O  C  E  D
```

23
The Story of Rudolph

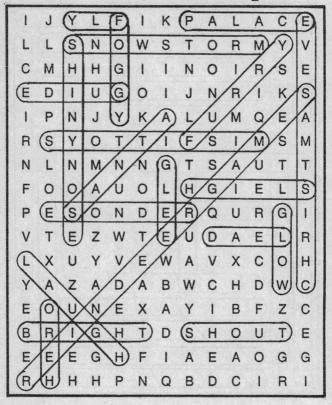

24
"O Christmas Tree"

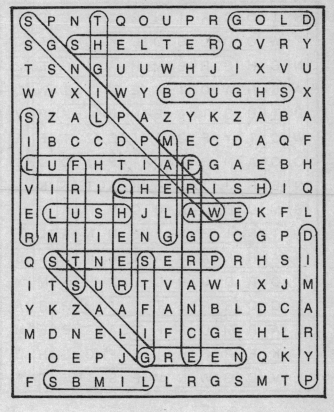

```
S  P  N  T  Q  O  U  P  R  G  O  L  D
S  G  S  H  E  L  T  E  R  Q  V  R  Y
T  S  N  G  U  U  W  H  J  I  X  V  U
W  V  X  I  W  Y  B  O  U  G  H  S  X
S  Z  A  L  P  A  Z  Y  K  Z  A  B  A
I  B  C  C  D  P  M  E  C  D  A  Q  F
L  U  F  H  T  I  A  F  G  A  E  B  H
V  I  R  I  C  H  E  R  I  S  H  I  Q
E  L  U  S  H  J  L  A  W  E  K  F  L
R  M  I  I  E  N  G  G  O  C  G  P  D
Q  S  T  N  E  S  E  R  P  R  H  S  I
I  T  S  U  R  T  V  A  W  I  X  J  M
Y  K  Z  A  A  F  A  N  B  L  D  C  A
M  D  N  E  L  I  F  C  G  E  H  L  R
I  O  E  P  J  G  R  E  E  N  Q  K  Y
F  S  B  M  I  L  L  R  G  S  M  T  P
```

Winter Wear

```
S T O C K I N G S I G R I
T W O O L S O C K S L A G
N C H S R E M R A W G E L
A S H W D I J E X I I W O
P T U R T L E N E C K R V
W O I Y F S A I O Z I E E
O O A N G G O A P I Q D S
N B R J I S T K A T F N L
S M U D U N B O V P R U I
W T R I H S L E N N A L F
P A R K A H A T E K C A J
C O R D U R O Y X H S M Y
Z Q C S N E T T I M R R A
E A R M U F F S A S B E H
T K E R C H I E F C U H D
E V D O W N V E S T E T F
```

Christmas Ornaments

```
A G H B F C H E J I D C N
J E F R I A H L E G N A E
F I A N G E L S A K T N L
M G L S U H N J I I O D I
N K E T R J P L V K Q Y L
U M S H I O S I D Q M C W
T Q N G N R T D N S N A R
C P I I E Y A T A O T N E
R A P T L S R R Y L E P A
A Q O C U I S R R S B S T
C O E P A V H G A U B W H
K N X U C N L C G A O V Y
E Z S E V O D W L X W A I
R A Z A B E R L B I S C B
S L L E B D S N E C I D E
S T O C K I N G S S E I F
```

The Night the
Animals Talked . . .

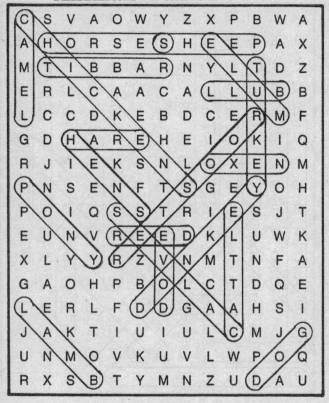

```
C S V A O W Y Z X P B W A
A H O R S E S H E E P A X
M T I B B A R N Y L T D Z
E R L C A A C A L L U B B
L C C D K E B D C E R M F
G D H A R E H E I O K I Q
R J I E K S N L O X E N M
P N S E N F T S G E Y O H
P O I Q S S T R I E S J T
E U N V R E E D K L U W K
X L Y Y R Z V N M T N F A
G A O H P B O L C T D Q E
L E R L F D D G A A H S I
J A K T I U I U L C M J G
U N M O V K U V L W P O Q
R X S B T Y M N Z U D A U
```

"Good King Wenceslas"

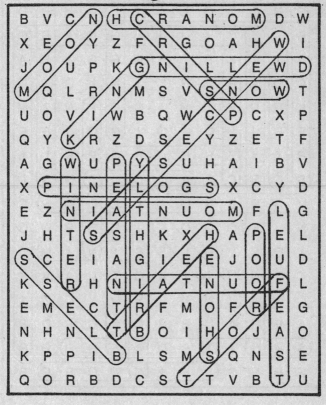

```
B V C N H C R A N O M D W
X E O Y Z F R G O A H W I
J O U P K G N I L L E W D
M Q L R N M S V S N O W T
U O V I W B Q W C P C X P
Q Y K R Z D S E Y Z E T F
A G W U P Y S U H A I B V
X P I N E L O G S X C Y D
E Z N I A T N U O M F L G
J H T S S H K X H A P E L
S C E I A G I E E J O U D
K S R H N I A T N U O F L
E M E C T R F M O F R E G
N H N L T B O I H O J A O
K P P I B L S M S Q N S E
Q O R B D C S T T V B T U
```

Snacks for
Santa & Reindeer

```
C H O C O L A T E C H P D
R S E C I U J E G N A R O
A T C Y E I F N G G I E A
C O I R J H K I N L G T M
K R U E I M I S O P N Z E
E R J L O I O I G O J E A
R A Y E S E E H C P K L L
S C R C L A O C O C M S C
M A R S H M A L L O W S C
N V E O Q O K I E R P W O
X Q B Y R L S S T N I M O
T Z N U I I A O T U A V K
C W A M N X J H U Y D Z I
A E R A U B E C C C F D E
S K C I T S D A E R B E S
F E H G S E I N W O R B B
```

30
Christmas Snowflakes

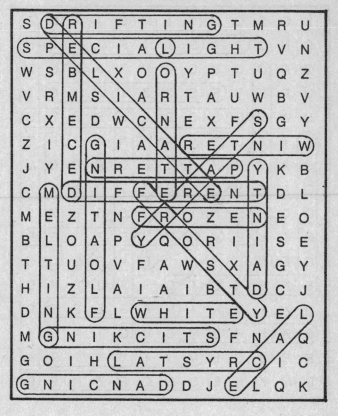

31
"A Christmas Carol"

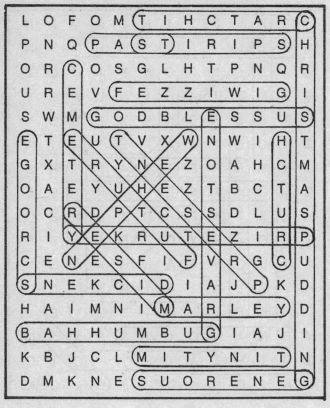

```
L O F O M T I H C T A R C
P N Q P A S T I R I P S H
O R C O S G L H T P N Q R
U R E V F E Z Z I W I G I
S W M G O D B L E S S U S
E T E U T V X W N W I H T
G X T R Y N E Z O A H C M
O A E Y U H E Z T B C T A
O C R D P T C S S D L U S
R I Y E K R U T E Z I R P
C E N E S F I F V R G C U
S N E K C I D I A J P K D
H A I M N I M A R L E Y D
B A H H U M B U G I A J I
K B J C L M I T Y N I T N
D M K N E S U O R E N E G
```